Andreas Roppelt

SEO - Suchmaschinenoptimierung für das Medien- und Kommunikationsmanagement im Unternehmen

Bibliografische Information der Deutschen Nationalbibliothek:

Die Deutsche Bibliothek verzeichnet diese Publikation in der Deutschen National-
bibliografie; detaillierte bibliografische Daten sind im Internet über http://dnb.d-
nb.de/ abrufbar.

Impressum:

Copyright © 2009 GRIN Verlag GmbH
Druck und Bindung: Books on Demand GmbH, Norderstedt Germany
ISBN: 978-3-656-14459-5

Dieses Buch bei GRIN:

http://www.grin.com/de/e-book/190004/seo-suchmaschinenoptimierung-fuer-das-
medien-und-kommunikationsmanagement

GRIN - Your knowledge has value

Der GRIN Verlag publiziert seit 1998 wissenschaftliche Arbeiten von Studenten, Hochschullehrern und anderen Akademikern als eBook und gedrucktes Buch. Die Verlagswebsite www.grin.com ist die ideale Plattform zur Veröffentlichung von Hausarbeiten, Abschlussarbeiten, wissenschaftlichen Aufsätzen, Dissertationen und Fachbüchern.

Andreas Roppelt

Bachelor-Studiengang
„Medien und Kommunikationsmanagement im Unternehmen"

Wissensorganisation in der Unternehmenspraxis II

1. Hausarbeit

Thema: Suchmaschinenoptimierung

Bearbeitungszeitraum: 07.04.09 – 26.06.09
Späteste Einreichung beim Prüfungsamt: 26.06.09

INHALTSVERZEICHNIS

Abkürzungsverzeichnis und Begriffserläuterung IV

Abbildungsverzeichnis V

1. Einführung.. 1

2. OnPage-Optimierung 1

2.1 Wichtige Tags in der Suchmaschinenoptimierung... 1

2.1.1 Meta-Tag „description".. 1

2.1.2 Meta-Tag „keywords" 2

2.1.3 „title"-Tag... 2

2.1.4 Überschriften-Tags.. 2

2.2 URL-Schemen und interne Linkstruktur... 3

2.2.1 Sprechende URLs 3

2.2.2 Linkstruktur... 3

2.2.3 XML-Sitemap.. 4

2.2.4 robots.txt-Datei... 4

2.3 SEO im Content einer Website.. 5

2.3.1 Textoptimierung 5

2.3.2 Doppelte Seiten (Duplicate Content, kurz DC).. 6

3. Offpage-Optimierung... 7

3.1 Linkaufbau... 7

3.1.1 PageRank und Vererbung 8

3.1.2 Organischer Linkaufbau 8

3.1.3 Linkaufbau durch SocialMedia-Plattformen 8

3.1.4 Offline Linkaufbau... 9

3.1.5 Linkmiete/-kauf oder -tausch.. 9

3.2 Keyword- und Logfileanalyse 9

3.2.1 Keywords analysieren 9

3.2.2 Logfiles analysieren 10

4. Zukunft der Suchmaschinenoptimierung 10

Linkverzeichnis VI

Crawler/Spider	Ein Computerprogramm das den Inhalt des World Wide Web durchsucht und gefundene Websites, Bilder und auch Dateien indexiert.
DC	Kurzform von engl. *Duplicate Content*, in Deutsch *Doppelter Inhalt*. Dieser Ausdruck bezeichnet gleiche Inhalte oder Daten die unter verschiedenen Internetadressen zu erreichen sind.
HTML	Auszeichnungssprache die in der Datenverarbeitung zur Erstellung von Websites genutzt wird.
Logfile	Auf Deutsch *Protokoll-Datei*. Hier speziell verwendet für den Bereich Webserver/Websites. Findet sich auf jedem Webserver und zeichnet alle Aktivitäten, sprich aufgerufene Dateien, usw., auf. Dadurch können Besucherstatistiken ausgelesen werden.
PR	Kurzform von engl. PageRank. Beschreibt die Relevanz einer Website zu einem Thema, nach einem von Google erfundenen Algorithmus.
SEO	Kurzform von engl. *Search Engine Optimization*, in Deutsch *Suchmaschinenoptimierung*. Beschreibt alle Maßnahmen die zur besseren Platzierung einer Website in den Suchergebnissen führt.
SERPs	Kurzform von engl. *Search Engine Result Pages*, in Deutsch *Suchergebnisseiten.*
Tag/Meta-Tag/HTML-Tag	Ein Tag dient in Beschreibungssprachen der Informatik (z.B. HTML) zur erweiterten Auszeichnung/Beschreibung eines Datenbestandes.
XML	Erweiterte Auszeichnungssprache, die in der Datenverarbeitung zur Erstellung von hierarchisch angeordneten Daten in Form von Text genutzt wird.

Abbildung 1: Screenshot der Google SERPs, markiert ist die "Description" wie sie im Meta-Tag der Seite definiert wurde 1

Abbildung 2: Screenshot eines Title-Tags, dieser wird in der Kopfleiste des Internetbrowsers angezeigt 2

Abbildung 3: PageRank von de.wikipdia.org, ermittelt durch Google Toolbar 8

Abbildung 4: Screenshot Google Analytics Konto, Übersicht 10

1. EINFÜHRUNG

Suchmaschinenoptimierung, kurz SEO (von englisch „Search Engine Optimization") hat das Ziel eine einzelne Internetseite oder eine komplette Website in den Ergebnissen der Suchmaschinen auf die vorderen Plätze zu bringen. Um dies zu bewerkstelligen, gibt es versch. Aspekte und Kriterien die dafür beachtet werden müssen. Diese werden im Folgenden vorgestellt und erklärt.

2. ONPAGE-OPTIMIERUNG

Die OnPage-Optimierung umfasst alle SEO relevanten Verbesserungen die auf der Website direkt gemacht werden. Hierbei geht es vor allem darum, den Crawlern leicht und exakt verständlich zu machen, welcher Inhalt sich auf der Seite finden lässt und welche Themen die Seite umfasst. Je genauer man dies kommuniziert, desto relevanter wird eine Seite für die Suchmaschinen.

2.1 WICHTIGE TAGS IN DER SUCHMASCHINENOPTIMIERUNG

HTML- und Meta-Tags haben bei Suchmaschinen teilweise eine hohe Bedeutung. Vor allem früher wurden nahezu ausschließlich diese von Suchmaschinen benutzt, um den Inhalt einer Seite zu bestimmen und somit die Suchergebnisse zu bewerten. Dies hat sich seit dem Start von Google stark verändert, da Googles Crawler jede einzelne Seite komplett indexieren und vor allem auch Links, welche auf die betreffende Internetseite zeigen, beachten. Diese indexierten Seiten werden dann über einen komplizierten Algorithmus (auch als PageRank-Algorithmus bekannt) bewertet. Trotzdem sind manche HTML/Meta-Tags nach wie vor für die Suchmaschinenoptimierung interessant. Folgende gilt es hierfür zu beachten.

2.1.1 META-TAG „DESCRIPTION"

Die „description" also Beschreibung in den Meta-Tags ist ebenso relevant, da sie direkt in den Suchergebnissen vorkommt. Sie wird direkt unterhalb der Seitentitel in den Suchergebnissen angezeigt. Dadurch erkennt der Benutzer schnell, was auf dieser Seite zu finden ist. Die Beschreibung sollte ca. 120 Zeichen umfassen und passend gewählt werden. In Ihr sollten ebenfalls Keywords vorhanden sein, da z.B. Google diese auch beachtet und der Seite mehr Relevanz für das betreffende Wort zuspricht.

Web

Suchmaschinen-Geheimtipp: die **Meta-Description** ⊼⊠
Metatag - Geheimtipp: Die **Meta-Description** und ihre Bewertung in Suchmaschinen.
Die optimale Länge und Zeichenzahl der **Description**.
www.site-check.cc/seiten/.../meta-description.html -
Im Cache - Ähnlich - ☺

Abbildung 1: Screenshot der Google SERPs, markiert ist die "Description" wie sie im Meta-Tag der Seite definiert wurde

2.1.2 META-TAG „KEYWORDS"

Wohingegen früher die meisten Suchmaschinen nur über den „keyword"-Tag den Inhalt der Seiten bestimmt haben, wurde dieser Tag mittlerweile eher in den Hintergrund gestellt. Trotzdessen sollte man ihn benutzen. Hier werden alle relevanten Keywords zu der entsprechenden Seite eingetragen. Allerdings sollte man darauf achten, dass die verwendeten Keywords auch wirklich im Text der Seite vorkommen. Suchmaschinen wie Google beachten sowas nämlich. Es ist z.B. nicht ratsam eine Internetseite über Fische zu machen und in dem „keyword"-Tag nur lockende Worte wie „Geld verdienen", „Gratis Geschenke", etc. einzutragen. Dies würde die Suchmaschine bemerken und die betroffene Seite mit einem schlechteren Rang abstrafen.

2.1.3 „TITLE"-TAG

Der „title"-Tag einer Internetseite gibt den Titel an. Dieser erscheint im Browserfenster ganz oben, in der Titelleiste. Außerdem wird er auch als Linktext für die Suchergebnisse benutzt. Dem „title"-Tag wird sehr viel Einfluss zugesprochen. Hierbei sollte man für seine Website Titel wählen, welche 60-80 Zeichen lang sind und die entsprechenden Keywords, auf die die Seite optimiert wurde, enthalten. Außerdem ist auch die Position im „title"-Tag selbst zu beachten. Am Anfang sollten immer die wichtigeren Keywords stehen, da Suchmaschinen Ihnen mehr Beachtung schenken als nachgestellten Keywords.

Abbildung 2: Screenshot eines Title-Tags, dieser wird in der Kopfleiste des Internetbrowsers angezeigt

2.1.4 ÜBERSCHRIFTEN-TAGS

Tags, welche im HTML-Code Überschriften kennzeichnen, haben auch bei Suchmaschinen eine große Bedeutung. Der „h1"-Tag kennzeichnet dabei die stärkste Überschrift, „h2", „h3", etc. sind dabei relativ zum „h1"-Tag untergeordnet.

Beispiel:

<h1>Überschrift mit Keyword</h1>
Dies ist nur ein Beispieltext, welcher den Fließtext simulieren soll.
<h2>Untergeordnete Überschrift mit alternativem Keyword</h2>
Hier würde auf einer Website weiterer Fließtext stehen.

Die Keywords, welche in diesem Beispiel im „h1"- und „h2"-Tag stehen, bekommen durch ihre Kennzeichnung mehr Relevanz von den Suchmaschinen-Algorithmen zugewiesen als ein normaler Text, oder eine definierte Schriftgröße. Wie groß (optisch) die einzelnen Überschriften sind, kann heutzutage jedoch ohne Weiteres separat in einer CSS-Datei definiert werden. Dadurch trotz der Verwendung dieser Tags keine Einschränkung für die Gestaltung vorhanden.

2.2 URL-SCHEMEN UND INTERNE LINKSTRUKTUR

Suchmaschinen sind bei ihren Crawling-Vorgängen relativ eingeschränkt. Dynamisch generierte Seiten oder Seiten welche dem Besucher automatisch eine ID zuweisen (z.B. im Bereich eCommerce) sind oftmals schlecht indexierbar. Desweiteren können Crawler auch schlecht Bilder verarbeiten (sie verlassen sich teilweise auf den „alt"-Tag) und nicht optimierte Flash-Seiten sind generell nicht indexierbar. Aber auch weniger komplexe Techniken, wie JavaScript und AJAX stellen ein Problem bei der Indexierung dar. Um trotzdem eine gut optimierte Website zu garantieren, muss die sog. „Barrierefreiheit" gewahrt werden. D.h. wichtige Links und Inhalte sollen auch mit abgeschalteten Plugins wie Flash oder Silverlight, sowie ohne JavaScript, AJAX, etc. zugänglich sein. Dadurch schafft man nicht nur eine höhere Benutzerfreundlichkeit, da User mit älteren Browsern/ohne Plugins auch Zugang zur kompletten Website haben, sondern auch Crawler können die Seiten voll indexieren und landen nicht in einer „Sackgasse".

2.2.1 SPRECHENDE URLS

Vor allem bei Internetseiten welche mit einem WCMS erstellt werden, gibt es beim Namen der URL oftmals ein Problem. Diese sehen meistens wie folgt aus:

> *http://www.beispiel.com/bad.php?id=23?a=42136&sessid=63467*

Suchmaschinen können mit solchen URLs jedoch nicht viel anfangen, da sie nichtssagend sind. Deswegen werden bei der Suchmaschinenoptimierung sog. „sprechende URLs" verwendet. Hierbei wird mit Hilfe des Apache-Moduls „mod_rewrite" die Domain neu erzeugt bzw. neu betitelt. Aus obigem Beispiel wird dann:

> *http://www.beispiel.com/keyword.html*

Dadurch finden Suchmaschinen selbst in der URL einmal mehr das Keyword, welches eine besser Platzierung oder zumindest mehr Relevanz für den Suchbegriff in den SERPs zur Folge hat.

2.2.2 LINKSTRUKTUR

Die Linkstruktur einer Website sollte schon bei der Planung bedacht werden. Eine gute Linkstruktur hat neben den Vorzügen im SEO-Bereich auch eine bessere Benutzerführung zum Vorteil.

negatives Beispiel:

http://www.beispiel.com/page/shop/site1.html

positives Beispiel:

http://www.beispiel.com/kategorie/unterkategorie/keyword.html

So wie hier aufgezeigt finden sich Benutzer als auch Crawler am besten auf einer Website zurecht. Ähnlich wie bei einer Breadcrumb-Navigation sieht der User quasi jeden Schritt, den er gegangen ist um die gewünschte Zielseite zu erreichen. Genauso kann der Crawler den eigenen Weg verfolgen. Zudem bietet sich hier die Möglichkeit die Ordner „kategorie" und „unterkategorie" für gewünschte Keywords zu benutzen. Dies kann bei dynamisch generiertem Content über entsprechende PHP-Funktionen realisiert werden.

2.2.3 XML-SITEMAP

Bei manchen Websites lässt sich eine simple Ordnerstruktur, wie oben beschrieben, nicht umsetzen. Vor allem bei sehr komplexen Internetseiten oder Online-Shops mit einem enormen Produktsortiment ist die einfache Realisierung nicht möglich und teilweise auch nicht sinnvoll. Dafür kann jedoch hierbei eine XML-Sitemap zur Hilfe benutzt werden.

Bei einer XML-Sitemap werden alle Links, welche auf einer Website zu finden bzw. zu verfolgen sind, in eine Texteditor-Datei geschrieben. Diese wird dann unter dem Namen „sitemap.xml" gespeichert. Nun kann in die Datei robots.txt (siehe Abschnitt „robots.txt-Datei") ein Verweis für die Crawler geschrieben werden:

Sitemap: http://www.beispiel.com/meine_sitemap.xml

Dadurch wird der Crawler angewiesen, den Links in der Sitemap nachzugehen, um alle Seiten indexieren zu können. Diese Technik eignet sich auch hervorragend bei technisch aufwändigen Seiten (Flash-, Silverlight-, JavaScript-Websites) da hierbei auch eigentlich nicht verfügbare Links aufgefunden werden können. Ergänzend dazu sucht der Crawler auch noch die eigentliche Seite ab. Durch den Verweis wird der normale Indexier-Vorgang über die Website also nicht außer Kraft gesetzt. Alternativ kann die Sitemap bei manchen Suchmaschinen (z.B. Google, Yahoo) direkt eingeschickt werden. Hierfür benötigt der Benutzer einen Account bei der jeweiligen Suchmaschine und kann dort die Datei einsenden.

Die XML-Sitemap dient nur als Unterstützung bei schwierigen Linkstrukturen. Sie soll und darf kein Ersatz für einen guten, logischen Aufbau der eigentlichen Linkstruktur sein.

2.2.4 ROBOTS.TXT-DATEI

Oftmals werden auf dem Webspace einer Website auch mehr als nur diese gelagert. Per FTP können Daten ausgetauscht werden oder man benutzt Teile dafür um eine Sandbox für neue

Projekte zu schaffen. Dabei sollen diese Daten meistens nicht für jeden zugänglich sein, also auch nicht in Suchmaschinen aufgelistet werden. Um dem vorzubeugen, gibt es die Datei „robots.txt". In dieser kann man definieren, welche Bereiche einer Website vom Crawler durchsucht werden soll und welche nicht.

Beispiel:

> *User-agent: **
> *Disallow: /verboten*
> *Disallow: /stop.html*
>
> *User-agent: Googlebot*
> *Disallow: /google_nicht*

Dieses Beispiel der „robots.txt"-Datei besagt, das alle Crawler den Ordner „verboten" und die Datei „stop.html" nicht indexieren sollen. Außerdem wird angegeben, dass speziell der Google-Crawler den Ordner „google_nicht" nicht indexieren soll, andere Crawler sollen es jedoch.

Hierbei muss die Formulierung „sollen" gewählt werden, da es keine Garantie für eine Nicht-Indexierung gibt. Wirklich sensible Daten oder Internetseiten müssen daher mit einem Passwort (z.B. via .htaccess) geschützt werden. Die „robots.txt"-Datei dient nur als Empfehlung für Crawler.

2.3 SEO IM CONTENT EINER WEBSITE

Suchmaschinenoptimierung geschieht nicht nur auf der Programmierebene einer Internetseite. Auch beim einfachen Texte schreiben sollte auf gewisse Vorgaben geachtet werden um bessere Plätze in den SERPs zu erlangen.

Auch die exzessive Verwendung von Bildern, z.B. Buttons für die Navigation, sollte vermieden werden. Bilder werden aktuell noch nicht indexiert. Eine Möglichkeit hierbei ist nur die Verwendung des „ALT"-Tags, welcher Crawlern zwar einen Anhaltspunkt für den Inhalt des Bildes gibt, jedoch lang nicht so stark wie normaler Text oder „h"-Tags gewichtet wird.

2.3.1 TEXTOPTIMIERUNG

Bei den Texten einer Website sollten Formulierungen und Bezeichnungen mit Bedacht gewählt werden. Es empfiehlt sich die Keywords, auf welche die entsprechende Seite hin optimiert wird, auch im Fließtext vorkommen zu lassen. Hierbei gehen die Meinungen zur Suchwort-Dichte (oder auch Keyword-Density genannt) jedoch auseinander. Manche SEOs sind davon überzeugt, dass es mindestens 7% oder mehr sein sollte, andere reden von weniger als 2%. Laut seo-united.de, einem großen deutschen SEO-Blog, haben die ersten 10 Plätze in den SERPs versch. Suchbegriffe einen durchschnittlichen Wert von 3,33%.[1] Eigene Erfahrungen bei versch. Internetprojekten haben bei mir persönlich einen ähnlichen Wert ergeben.

Was bei der Textoptimierung jedoch auch beachtet werden sollte, ist die Tatsache, dass maximal 2-3 wichtige Keywords pro Seite optimiert sein sollen. Versucht man also eine einzelne Seite auf 5 oder mehr Keywords zu optimieren, wird dies von Misserfolg gekrönt. Ein gutes Beispiel dafür ist die Website wikipedia.org. Diese ist bei sehr vielen(vor allem wissenschaftlichen, technischen, etc.) Suchbegriffen hoch in den SERPs platziert, da eine Seite meist nur die Erklärung eines Begriffs behandelt.

2.3.2 DOPPELTE SEITEN (DUPLICATE CONTENT, KURZ DC)

Ein sehr massiver Fehler, welche oft auch durch Unwissenheit entsteht, ist das Problem mit mehrfach angelegtem, gleichem Inhalt. Eine Internetseite, bzw. der darauf zu findende Text sollte nur unter exakt einer URL im Internet zu finden sein. Bei Nichtbeachten dieser Vorgabe folgen oftmals Abstrafungen der Suchmaschinen, was entweder zu einer schlechteren Platzierung der Internetseite in den Ergebnissen oder sogar zu einem kompletten Ausschluss aus den SERPs führen kann.

Beispiel für ein Problem mit DC:

Oftmals werden für eine Website mehrere Domains registriert, welche nachher aber auf den gleichen Inhalt verweisen. Hierbei ist es wichtig über eine 301er Weiterleitung in der .htaccess-Datei eine eindeutige Zielseite zu definieren. Dadurch ist die Website für den Benutzer zwar über mehrere URLs erreichbar, aber die Crawler erkennen, dass es sich um ein und dasselbe „Haus" mit verschiedenen „Adressen" handelt.

Eine andere Variante für ein negatives Beispiel sind Onlineshops. Hier werden Artikel oftmals in mehreren Kategorien geführt und tauchen somit auch unter verschiedenen URLs auf. Die Crawler erkennen dabei nicht immer ob es sich um Unwissenheit (und somit keine böse Absicht) handelt oder ob der Website-Betreiber aktiv versucht, mehr Seiten mit relevanten Suchwörtern im Index der Suchmaschine zu platzieren. Deswegen werden solche Seiten oftmals von Crawlern einfach ignoriert und tauchen somit nicht in den Suchergebnissen auf.

Google hat hier mittlerweile versucht zu reagieren und einen neuen Meta-Tag eingeführt. Der sog. „canonical"-Tag gibt dabei an, welche Seite das Original und welche nur ein Duplikat ist. Dieser Tag muss dafür in den HEAD-Bereich der betroffenen Seiten eingefügt werden.

---

[1] Vgl. http://www.seo-united.de/blog/seo/333-die-optimale-keyworddichte.htm

Beispiel:

<link rel="canonical" href=http://www.beispiel.com/original.html />

Diese Zeile wird nun in den HEAD-Bereich folgender Seiten eingefügt:

1. *http://www.beispiel.com/kategorie1/original.html*
2. *http://www.beispiel.com/kategorie2/original.html*
3. *http://www.beispiel.com/original.html*

Nun weiß der Google-Crawler, dass jede Seite eigentlich zu der dritten URL verweisen muss und nimmt diese als „Original" in den Index auf. Für den Benutzer ändert sich jedoch nichts. Er kann die Seiten weiter unter allen drei URLs erreichen.[2]

3. OFFPAGE-OPTIMIERUNG

Bei der Offpage-Optimierung einer Website redet man von allen Maßnahmen, die nicht auf der eigentlichen Seite ergriffen werden, um die Platzierung in den SERPs zu verbessern. Neben dem elementarsten Teil, dem Linkaufbau, zählen hierzu auch die Analyse der Keywords, sowie die Auswertung der Logfiles durch externe Tools.

3.1 LINKAUFBAU

Linkaufbau in der Suchmaschinenoptimierung bezeichnet die Generierung von Links auf anderen Websites, welche auf die zu optimierende Seite verweisen. Dies geschieht entweder durch gekaufte Links (ähnlich Werbeflächen) oder durch die organische Entstehung mit Hilfe verschiedener Techniken.

Dies ist im Bereich SEO sehr wichtig, da ähnlich wie im echten Leben Referenzen von anderen mehr zählen als nur die eigene Darstellung. Ein Link von einer anderen Website kann somit, analog zur Realität, als positive Referenz gesehen werden. Der Kontext, in welchem auf die Website dabei verlinkt wird, ist für Suchmaschinen auch interessant. So sind Links zu einem Elektronik-Shop vor allem interessant, wenn sie aus dem gleichen Themenumfeld, also z.B. von der Website eines Elektrikers kommen. Weiter ist zu beachten, dass nicht jeder Link positiv für die Optimierung ist. Gerade aus Bereichen wie der Pornografie, Online-Casinos, usw. sollten keine Links auf die betroffene Website verweisen. Diese Links können sogar schaden und werden deswegen als „Bad Links" bezeichnet.

Den Linkaufbau in der Suchmaschinenoptimierung könnte man auch als Königsdisziplin in diesem Bereich bezeichnen, da dieser nur durch nachhaltige und konsequente Arbeit an der Optimierung bewerkstelligt werden kann.

---

[2] Vgl. http://googlewebmastercentral.blogspot.com/2009/02/specify-your-canonical.html

3.1.1 PAGERANK UND VERERBUNG

Der PageRank (kurz PR) wurde 1997 von den Google-Gründern Larry Page und Sergey Brin eingeführt und ist definiert über eine Skala von 1 bis 10.

Abbildung 3: PageRank von de.wikipdia.org, ermittelt durch Google Toolbar

Er dient zur Bewertung von Websites nach einem geheimen Algorithmus, welcher sich aus verschiedenen Kriterien, wie z.B. Alter der Domain, eingehende Links, usw. zusammensetzt. Der PageRank spielt heutzutage eine große Rolle in der Suchmaschinenoptimierung und entscheidet über die „Stärke" einer Domain. Je höher der PageRank einer Website ist, desto mehr Gewicht hat eine Verlinkung. Dieser PageRank wird nämlich vererbt. Hat eine Website z.B. einen PR von 6 und verlinkt auf eine andere Website, so besitzt diese automatisch einen PR von 5. Ein hoher PR hat jedoch nicht automatisch eine hohe Positionierung in den SERPs zur Folge. Allerdings wirkt es sich positiv darauf aus.

3.1.2 ORGANISCHER LINKAUFBAU

Beim organischen Linkaufbau einer Website spricht man von der natürlichen Entstehung von Links zur optimierenden Website. Dies geschieht Beispielsweise, indem der Content für einen Benutzer sehr interessant erscheint und er ihn selbst auf seiner Website verlinkt.

Dieser Prozess kann jedoch auch beschleunigt werden. Durch das Erstellen von Beiträgen welchen einen Mehrwert besitzen (z.B. Whitepaper für diverse Themen) wird oftmals das Interesse der Benutzer geweckt. Dabei sollte der geschriebene Artikel einen echten Nutzen bergen, da somit die Wahrscheinlichkeit einer Verlinkung steigt.

3.1.3 LINKAUFBAU DURCH SOCIALMEDIA-PLATTFORMEN

Im Zeitalter des Web2.0 und des dadurch vorhandenen „Mitmach-Web" können SocialMedia-Plattformen wie Facebook, Digg, Mr.Wong, etc. ebenfalls sehr gut für den Linkaufbau benutzt werden. Dies kann dabei auch in einer indirekten Variante passieren.

Beispiel:

> *Ein Online-Shop für Printprodukte soll optimiert werden. Hierbei könnte eine gesonderte Website erstellt werden, auf welcher Farbharmonien gezeigt oder das Endgewicht versch. Formate in versch. Grammaturen berechnet wird. Die Benutzer der SocialMedia-Plattformen sehen in dieser Website einen echten Mehrwert und durch kleine Streuungsmaßnahmen kann schnell eine hohe Popularität der Website erreicht werden.*

Nun wird auf der Website ein Link zum eigentlichen Online-Shop eingefügt. Dieser Link vererbt nun einen großen Teil der Popularität an den Online-Shop, welcher dadurch bessere Ergebnisse in den SERPs liefert.

SocialMedia-Plattformen eignen sich dabei vor allem aus Gründen der extrem schnellen und oftmals exponentiell steigenden Verteilung der Links optimal für solche SEO-Maßnahmen.

3.1.4 OFFLINE LINKAUFBAU

Ein oft vernachlässigter, aber dennoch relevanter Bereich beim Linkaufbau, ist die Generierung von Links über andere Medien. Egal ob Visitenkarte, Printanzeige oder TV-Spot. Die Domain einer Website, welche optimiert wird, sollte hier auch kommuniziert werden. Außerdem besteht die Möglichkeit über diverse Aktionen (Gewinnspiele, Produktbeilagen, etc.) offline Links zu generieren, welche dann zu „echten" Links führen.

3.1.5 LINKMIETE/-KAUF ODER -TAUSCH

Neben den o.g. Möglichkeiten gibt es auch noch den Weg über den Kauf oder Tausch von Links. Dabei kann ein Link auf speziellen Seiten gekauft oder für einen gewissen Zeitraum gemietet werden. Weiter ist es auch möglich Links zu tauschen. Dabei linkt dann Website A auf Website B und umgekehrt.

Diese Methoden sind jedoch für eine dauerhafte und nachhaltige Optimierung nicht empfehlenswert, da die meisten Suchmaschinen solche Maßnahmen nicht wünschen. Neben dem schlichten verpuffen des gewünschten Effekts, können auch Abstrafungen oder gar die Entfernung der Website aus dem Index die Folge sein.

3.2 KEYWORD- UND LOGFILEANALYSE

Neben all den genannten Maßnahmen für die direkte Optimierung einer Website sind auch die Nebenbereiche der Keyword- und Logfileanalyse zu beachten.

3.2.1 KEYWORDS ANALYSIEREN

Bevor eine Optimierung überhaupt vorgenommen werden kann, müssen erst einmal die wichtigsten Keywords bestimmt werden. Hierbei eignen sich vor allem Techniken wie das Brainstorming zur Findung mehrerer Assoziationen zu einem Suchbegriff. Auch kann auf Freunde oder Bekannte zurückgegriffen werden und somit eine stark vereinfachte Art der Zielgruppenbefragung vorgenommen werden. Außerdem gibt es noch versch. Tools im Internet (z.B. Meta-Ger-Assoziator[3])mit deren Hilfe neue Assoziationen gefunden werden können. Nachdem man diese notiert hat, geht es darum eine Auswertung vorzunehmen, um die letztlich verwendeten Keywords zu bestimmen. Dafür eignet sich das „Adwords Keyword-Tool" von Google sehr gut. Dieses gibt Schätzungen zum monatlichen Suchvolumen für ein Keyword an und des Weiteren wird auch die Mitbewerberdichte geschätzt. Somit lassen sich sehr schnell und komfortabel passende und leicht zu optimierende Keywords ermitteln.

3.2.2 LOGFILES ANALYSIEREN

Die Logfiles auf einem Webserver geben Aufschluss über die Besucher einer Website. Außerdem wird angezeigt wie die Besucher auf die Website gelangt sind oder welche Suchwörter sie benutzt haben. Ein sehr gutes und kostenfreies Tool wird dabei von Google zur Verfügung gestellt. „Google Analytics" stellt dem Benutzer einen sehr umfangreichen und gleichzeitig übersichtlichen Funktionsumfang zur Verfügung.

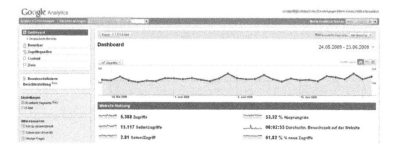

Abbildung 4: Screenshot Google Analytics Konto, Übersicht

Hierbei können Besucher vom benutzten Suchwort, über die Aufenthaltszeit auf der Website, bis zur Ausstiegsseite beobachtet werden. Stellt man dabei fest, dass einzelne Keywords zwar eine gute Position in den SERPs haben, die Besucher jedoch nicht die gewünschte Aktion tätigen (z.B. Kauf eines Produkts auf der Website), so zeigt dies Handlungsbedarf an. Man hat dadurch die Möglichkeit, die betroffene Internetseite direkt zu verändern bzw. zu verbessern oder ein anderes Keyword für die Optimierung zu wählen.

4. ZUKUNFT DER SUCHMASCHINENOPTIMIERUNG

Aktuell lässt sich noch kein Ende der Suchmaschinenoptimierung absehen. Selbst neuere Suchmaschinen wie WolframAlpha oder Bing schaffen es nicht den Inhalt des Webs perfekt darzustellen und dem Suchenden immer die gewünschten Ergebnisse bereitzustellen. Allerdings versuchen gerade die zwei genannten Suchmaschinen neue, bzw. andere Wege zu gehen, welche

---

[3] siehe http://metager.de/asso.html

die Optimierung der Websites nach und nach überflüssig machen werden. Ein weiterer Ansatz sind semantische Suchmaschinen. Diese könnten es schaffen, immer exakt die gewünschten Inhalte für den Benutzer bereitzustellen. Ob jedoch dafür nicht auch eine Optimierung der Websites vorgenommen werden kann oder sogar muss, bleibt momentan abzuwarten.

http://www.metager.de

http://www.google.de

http://de.wikipedia.org

http://www.seo-united.de